NOVALIS

Ich sehe dich in tausend Bildern

Weisheit ist Harmonie.

Novalis

Ich sehe dich in tausend Bildern

Gedanken
heiter & achtsam

benno

Bibliografische Information der Deutschen Nationalbibliothek
Die Deutsche Nationalbibliothek verzeichnet diese Publikation in der Deutschen Nationalbibliografie; detaillierte bibliografische Daten sind im Internet unter http://dnb.d-nb.de abrufbar.

Bildnachweis
S. 2, 9: © stock.adobe.com/Taity; S. 5: © stock.adobe.com/Hanna; S. 7: © stock.adobe.com/Ekaterina_Art; S. 8: © stock.adobe.com/mika_48; S. 11, 49: © stock.adobe.com/Ирина Шишкова; S. 12/13, 24/25: © stock.adobe.com/lyubovyaya; S. 15: © stock.adobe.com/anastasianio; S. 16/17, 59: © stock.adobe.com/Keiko Takamatsu; S. 19: © stock.adobe.com/Anastasiia; S. 21: © stock.adobe.com/Elena; S. 23: © stock.adobe.com/anna_and_i; S. 27: © stock.adobe.com/Erenai; S. 29, 37, 39: © stock.adobe.com/dariaustiugova; S. 31: © stock.adobe.com/mayillustration; S. 33: © stock.adobe.com/Marina Lvova; S. 35: © stock.adobe.com/angela0982; S. 41: © stock.adobe.com/inna72; S. 43: © stock.adobe.com/Ekaterina; S. 45: © stock.adobe.com/JeannaDraw; S. 46/47: © stock.adobe.com/zenina; S. 46/47 © stock.adobe.com/Irina; S. 51: © stock.adobe.com/babanova; S. 52/53: © stock.adobe.com/Alisles; S. 55: © stock.adobe.com/Veris Studio; S. 51: © stock.adobe.com/Airedi; S. 61: © stock.adobe.com/LIGHTFIELD STUDIOS; S. 63: © stock.adobe.com/koltsova; S. 64: © stock.adobe.com/nickolae

Besuchen Sie uns im Internet:
www.st-benno.de

Gern informieren wir Sie unverbindlich und aktuell auch in unserem Newsletter zum Verlagsprogramm, zu Neuerscheinungen und Aktionen.
Einfach anmelden unter www.vivat.de.

ISBN 978-3-7462-6138-6

Zusammenstellung: Volker Bauch, Gößnitz
Umschlaggestaltung: Ulrike Vetter, Leipzig
Covermotiv: © stock.adobe.com/100ker
Gesamtherstellung: Kontext, Dresden (A)

Inhaltsverzeichnis

1. Kapitel

Vom Lohn der Achtsamkeit

Übe dich in der Langsamkeit.

Geduld ist zweierlei:
ruhige Ertragung des Mangels,
ruhige Ertragung des Übermaßes.

Sich nach den Dingen oder
die Dinge nach sich richten, ist eins.

Alles Echte
dauert ewig.

Klarer Verstand
mit warmer Fantasie verschwistert
ist die echte, Gesundheit bringende
Seelenkost.

Es gibt doch keine größere Freude,
als alles zu verstehn,
überall zu Hause zu sein,
von allem Bescheid zu wissen,
überall sich helfen zu können.

Der Sitz der Seele ist da,
wo sich Innenwelt und
Außenwelt berühren.
Wo sie sich durchdringen,
ist er in jedem Punkte
der Durchdringung.

Der eigentliche Sinn
für die Geschichten der Menschen
entwickelt sich erst spät,
und mehr unter den stillen Einflüssen
der Erinnerung
als unter den gewaltsameren
Eindrücken der Gegenwart.

Eins nach dem andern,
sonst wird nichts fertig.

Alle Erinnerung
ist Gegenwart.

Jeder Mensch hat seinen individuellen Rhythmus.

Abstraktion schwächt – Reflexion stärkt.

Zauber der Erinnerungen,
heilger Wehmut süße Schauer
haben innig uns durchklungen,
kühlen unsre Glut.
Wunden gibt's, die ewig schmerzen,
eine göttlich tiefe Trauer
wohnt in unser aller Herzen,
löst uns auf in eine Flut.

Und in dieser Flut ergießen
wir uns auf geheime Weise
in den Ozean des Lebens
tief in Gott hinein;
und aus seinem Herzen fließen
wir zurück zu unserm Kreise,
und der Geist des höchsten Strebens
taucht in unsre Wirbel ein.

Wo Kinder sind, da ist
ein goldnes Zeitalter.

Kinder sind Hoffnungen,
Mädchen sind Wünsche und Bitten.

Ein Kind ist weit klüger und
weiser als ein Erwachsener.

Je länger der Mensch Kind bleibt,
desto älter wird er.

Echt tätige Menschen sind diejenigen,
die – Schwierigkeiten reizen.

Etwas zu lernen,
ist ein sehr schöner Genuss,
und etwas wirklich zu können,
ist die Quelle der Wohlbehaglichkeit.

Wer zu alt zum Schwärmen ist,
vermeide doch jugendliche
Zusammenkünfte.

2. Kapitel

Das Herz ist der Schlüssel der Welt und des Lebens

Die Liebe ging auf dunkler Bahn
vom Monde nur erblickt,
das Schattenreich war aufgetan
und seltsam aufgeschmückt.

Ein blauer Dunst umschwebte sie
mit einem goldnen Rand,
und eilig zog die Fantasie
sie über Strom und Land.

Es hob sich ihre volle Brust
in wunderbarem Mut;
ein Vorgefühl der künft'gen Lust
besprach die wilde Glut.

Die Sehnsucht klagt' und wusst' es nicht,
dass Liebe näher kam,
und tiefer grub in ihr Gesicht
sich hoffnungsloser Gram.

Die kleine Schlange blieb getreu:
Sie wies nach Norden hin,
und beide folgten sorgenfrei
der schönen Führerin.

Die Liebe ging durch Wüstenein
und durch der Wolken Land,
trat in den Hof des Mondes ein
die Tochter an der Hand.

Er saß auf seinem Silberthron,
allein mit seinem Harm;
da hört' er seines Kindes Ton,
und sank in ihren Arm.

Der Sinnenrausch ist zur Liebe,
was der Schlaf zum Leben.

Was man liebt, findet man überall
und sieht überall Ähnlichkeiten.

Der Liebe geht's wie der Philosophie.
Sie ist und soll allen alles und jedes sein.
Liebe ist also das Ich, das Ideal
jeder Bestrebung.

Was einem Mühe kostet,
as hat man lieb.

Die Liebe ist frei –, sie wählt das Ärmste
nd Hilfsbedürftigste am liebsten.

in Kind ist eine sichtbar
ewordene Liebe.

Die Liebe ist das höchste *Reale* –
der Urgrund.

Jeder geliebte Gegenstand
ist der Mittelpunkt eines Paradieses.

Alle Romane,
wo wahre Liebe vorkommt,
sind *Märchen – magische Begebenheiten.*

Nerven sind höhere Wurzeln der Sinne

Was du
wirklich liebst,
das bleibt dir.

Was passt, das muss sich ründen,
was sich versteht, sich finden,
was gut ist, sich verbinden,
was liebt zusammensein.
Was hindert, muss entweichen,
was krumm ist, muss sich gleichen,
was fern ist, sich erreichen,
was keimt, das muss gedeihn.

Die Ehe ist das höchste Geheimnis.

Wo die Geliebten sind,
da schmückt sich bräutlich die Erde.

Eheleute müssen eine Art von Mischung der Selbständigkeit und Unselbständigkeit haben. Sie müssen festen Charakter, als Sachen, haben, um ein Besitztum sein zu können, und doch geschmeidig, elastisch und durchaus bestimmt sein, ohne eigensinnig und ängstlich zu sein.

Die Ehe
bezeichnet eine neue,
höhere Epoche
der Liebe –
die gesellige –
die Zwangs-Liebe –
die lebendige Liebe.
Die Philosophie
entsteht mit der Ehe.

Hinunter die Pfade
des Lebens gedreht
pausiert nicht, ich bitt euch
so lang es noch geht
drückt fester die Mädchen
ans klopfende Herz
ihr wisst ja wie flüchtig ist
Jugend und Scherz.

Lasst fern von uns Zanken
und Eifersucht sein
und nimmer die Stunden
mit Grillen entweihn
dem Schutzgeist der Liebe
nur gläubig vertraut
es findet noch jeder
gewiss eine Braut.

Unter guten, seelenvollen Menschen
trägt sich die Last des Lebens leicht.

Zart ist der Faden der Freundschaft,
doch unzertrennlich wie jene Kette,
die Himmel und Meer
und die Gestirne umschlingt,
aber auch dehnbar wie Gold,
er windet in lieblichen Knoten
selbst um die Freunde sich leicht,
welche das Schicksal getrennt.

3. Kapitel

Echtem Scherz liegt Ernst zugrunde

Wo Fantasie und Urteilskraft
sich berühren, entsteht Witz;
wo sich Vernunft und Willkür
paaren, Humor.

Der Witz ist geistige Elektrizität –
dazu sind feste Körper nötig.

Nachts schläft die Dummheit.

Irrtum ist das notwendige
Instrument der Wahrheit.

Vielen wahren Büchern geht es
wie den Goldklumpen in Irland.
Sie dienen lange Jahre nur als Gewichte.

Denken ist eine Muskelbewegung.

Niemals verdirbt jemand
mit fröhlichem Herzen im Herzen,
überall baut er sich Hütten
und lädt die Pilger zum Schmaus ein.

4. Kapitel

Die Poesie heilt alle Wunden

Manche Bücher sind länger,
als sie scheinen.
Sie haben in der Tat kein Ende.
Die Langeweile, die sie erregen,
ist wahrhaft absolut und unendlich.

Die Kunst Bücher zu schreiben,
ist noch nicht erfunden.
Sie ist aber auf dem Punkt,
erfunden zu werden.
Fragmente dieser Art
sind literarische Sämereien.
Es mag freilich manches taube
Körnchen darunter sein:
indessen, wenn nur einiges aufgeht!

Man muss
sich mit Sprechen
begnügen,
wenn man nicht
singen kann.

Nimm meine Bücher,
meine kleinen Reime,
mein Häuschen hin,
und sei zufrieden, wie ich bin,
nimm meinen sanften Schlummer,
meine Träume,
so hold sie sind, auch hin.

Und wenn mir ja noch etwas übrigbliebe:
Mein Becher, Kranz und Stab,
so mag es deine sein;
doch willst du mehr,
mein Herz und meine Liebe?
Die sind schon lange dein.

Jede zur Besinnung
gebrachte Eigenschaft,
Handlungsweise unseres Geistes
ist im eigentlichsten Sinn
eine neu entdeckte Welt.

Wenn der Geist heiligt,
so ist jedes echte Buch
Bibel.

Alle Methode ist Rhythmus:
Hat man den Rhythmus der Welt weg,
so hat man auch die Welt weg.

Das Leben soll kein uns gegebener, sondern ein von uns gemachter Roman sein.

5. *Kapitel*

Wer Gott einmal suchen will, der findet ihn überall.

Alles ist Samenkorn.

In jedem Menschen kann
mir Gott erscheinen.

Unser ganzes Leben
ist Gottesdienst.

Glauben ist
Empfindung
des Wissens.

O! Geht hinaus auf allen Wegen,
und holt die Irrenden herein,
streckt jedem eure Hand entgegen,
und ladet froh sie zu uns ein.
Der Himmel ist bei uns auf Erden,
im Glauben schauen wir ihn an;
die Eines Glaubens mit uns werden,
auch denen ist er aufgetan.

Durch Religion werden die Menschen erst recht Eins.

Wir sind auf einer *Mission*.
Zur Bildung der Erde sind wir berufen.

Beten ist in der Religion,
was Denken in der Philosophie ist.

Absolute Liebe,
vom Herzen unabhängige,
auf Glauben gegründete, ist Religion.
Liebe kann durch absoluten Willen
in Religion übergehn.

Vom Glauben hängt die Welt ab. –
Wie ich eine Sache annehme,
so ist sie für mich.

Hat man Gott
im Herzen,
so grübelt
man nicht.

Maria

Ich sehe dich in tausend Bildern,
Maria, lieblich ausgedrückt,
doch keins von allen kann dich schildern,
wie meine Seele dich erblickt.

Ich weiß nur, dass der Welt Getümmel
seitdem mir wie ein Traum verweht,
und ein unnennbar süßer Himmel
mir ewig im Gemüte steht.

Durch Gebet erlangt man alles. Gebet ist eine universelle Arzenei.

Bildung des Geistes ist Mitbildung
des Weltgeistes – und also Religion.

Nur die Religion
kann Europa wieder aufwecken
und die Völker versöhnen
und die Christenheit
mit neuer Herrlichkeit sichtbar auf Erden
in ihr altes friedenstiftendes Amt
installieren.

Bei den Alten war die Religion
schon gewissermaßen das,
was sie bei uns werden soll –
praktische Poesie.

Idealist sein heißt
Kraft haben
für andere.

Es gibt so bange Zeiten,
es gibt so trüben Mut,
wo alles sich von Weitem
gespenstisch zeigen tut.

Es schleichen wilde Schrecken
so ängstlich leise her,
und tiefe Nächte decken
die Seele zentnerschwer.

Die sichern Stützen schwanken,
kein Halt der Zuversicht;
der Wirbel der Gedanken
gehorcht dem Willen nicht.

Der Wahnsinn naht und locket
unwiderstehlich hin.
Der Puls des Lebens stocket,
und stumpf ist jeder Sinn.

Wer hat das Kreuz erhoben
zum Schutz für jedes Herz?
Wer wohnt im Himmel droben,
und hilft in Angst und Schmerz?

Geh zu dem Wunderstamme,
gib stiller Sehnsucht Raum,
aus ihm geht eine Flamme
und zehrt den schweren Traum.

Ein Engel zieht dich wieder
gerettet auf den Strand,
und schaust voll Freuden nieder
in das gelobte Land.

Der ist der Herr der Erde,
wer ihre Tiefen misst,
und jeglicher Beschwerde
in ihrem Schoß vergisst.

Gott ist die Weltseele der *Ideal*welt. –
Das Paradies ist das Ideal des *Erdbodens.*

Unter Menschen
muss man Gott suchen.
In den menschlichen Begebenheiten,
in menschlichen Gedanken
und Empfindungen
offenbart sich der Geist des Himmels
am hellsten.

Wissenschaft ist nur eine Hälfte.
Glauben ist die andre.

Wo gehn wir denn hin?
Immer nach Hause.

Novalis wird am 2. Mai 1772 auf Gut Oberwiederstedt als Georg Philipp Friedrich von Hardenberg geboren. 1785 zieht die Familie Hardenberg aufgrund der Berufung des Vaters zum Direktor der kursächsischen Salinen nach Weißenfels. 1790 beginnt Friedrich von Hardenberg sein Studium an der Universität Jena in den Fächern Jura und Philo-

Friedrich von Hardenberg (Novalis)

sophie und begegnet Friedrich Schiller. Im Neuen Teutsche Merkur erscheint im April 1791 seine erste Veröffentlichun „Klagen eines Jünglings". 1794 legt er das juristische Exame an der Universität Wittenberg ab. Am 15. März 1795 verlob er sich mit Sophie von Kühn, die aber zwei Jahre später 15-jäh rig verstirbt. Zum Jahresende 1797 beginnt er ein Studium a der Bergakademie Freiberg und trifft dort den bedeutende Vater der Geologie Abraham Gottlob Werner. Im April 17 erscheint die Zeitschrift Athenaeum mit dem Text „Blüte staub", den er zum ersten Mal mit dem Dichternamen Nova unterzeichnet. Im gleichen Jahr werden seine Texte „Blume und „Glauben und Liebe" veröffentlicht. Im Jahr 1799 ents hen wichtige Dichtungen wie die „Geistlichen Lieder", die N derschrift des Aufsatzes „Die Christenheit oder Europa", u Novalis beginnt mit den Arbeiten an seinem berühmten R manfragment „Heinrich von Ofterdingen". 1800 erscheinen „Hymnen der Nacht" in der Zeitschrift Athenaeum, und 6. Dezember des Jahres wird Friedrich von Hardenberg zu Amtshauptmann im thüringischen Kreise ernannt. Am März 1801 stirbt er im Alter von 28 Jahren und wird auf d Weißenfelser Friedhof beigesetzt.